Impressum
Verlag: BABADADA GmbH, Nedderfeld 112 , 22529 Hamburg
Geschäftsführer / Verlagsleitung: Harald Hof
Druck: Books on Demand GmbH, In de Tarpen 42, 22848 Norderstedt

Imprint
Publisher: BABADADA GmbH, Nedderfeld 112 , 22529 Hamburg, Germany
Managing Director / Publishing direction: Harald Hof
Print: Books on Demand GmbH, In de Tarpen 42, 22848 Norderstedt, Germany

Schule
škola

Klassenzimmer
učionica

dividieren
dijeliti

$186/2$

Tafel
ploča

Schulhof
školsko dvorište

Lehrer
učitelj

Papier
papir

schreiben
pisati

Stift
kemijska olovka

Schreibtisch
pisaći stol

Lineal
ravnalo

Buch
knjiga

Schüler
učenik

Ranzen

torba

Federmappe

pernica

Bleistift

grafitna olovka

Bleistiftanspitzer

šiljilo za olovke

Radiergummi

gumica za brisanje

Zeichenblock

blok za crtanje

Zeichnung

crtež

Pinsel

kist

Malkasten

kutija s bojama

Schere

makaze

Klebstoff

ljepilo

Übungsheft

bilježnica

Hausaufgabe

domaći zadatak

Zahl

broj

addieren

sabirati

subtrahieren

oduzimati

multiplizieren

množiti

rechnen

računati

Buchstabe

slovo

Alphabet

abeceda

Wort

riječ

Text

tekst

lesen

čitati

Kreide

kreda

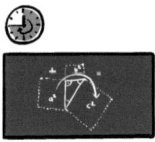

Stunde

sat

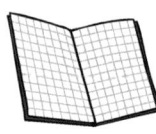

Klassenbuch

dnevnik

Prüfung

ispit

Zeugnis

svjedodžba

Schuluniform

školska uniforma

Ausbildung

obrazovanje

Lexikon

leksikon

Universität

sveučilište

Mikroskop

mikroskop

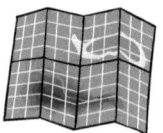

Karte

karta

Papierkorb

košara za papir

Reise
putovanje

Grand
Hotel
hotel
Herberge
prenoćište
ROOMS
Wechselstube
mjenjačnica
Koffer
kofer
Auto
auto

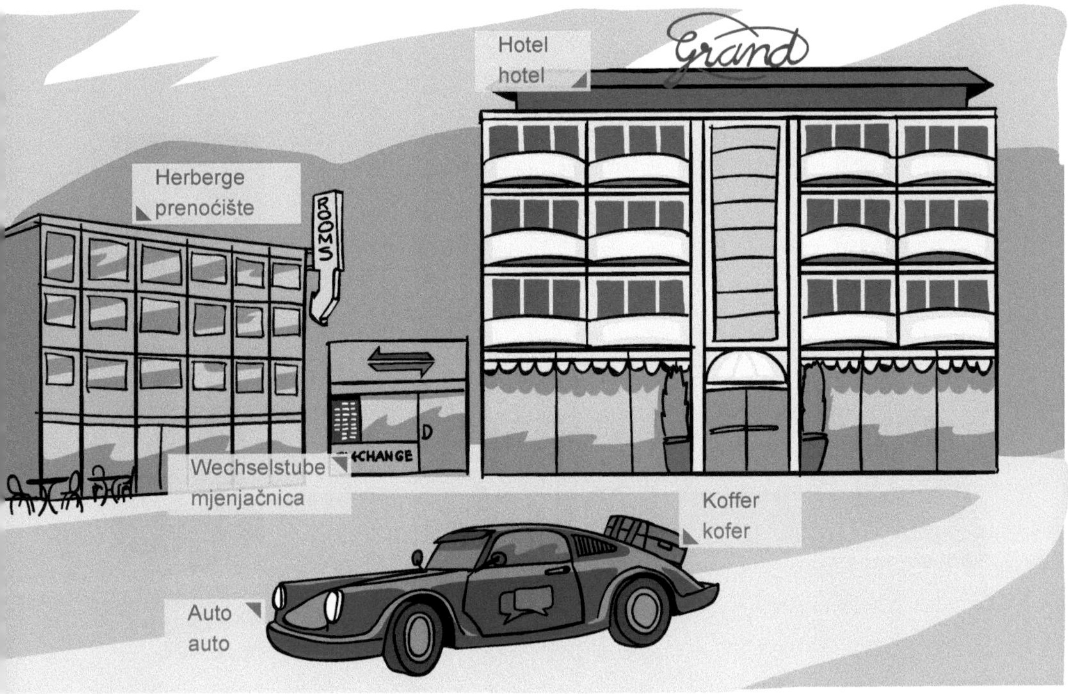

Sprache

jezik

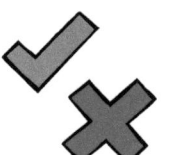

ja / nein

da / ne

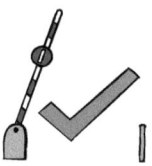

Okay

okay

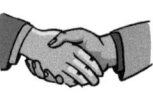

Hallo

zdravo

Übersetzer

prevoditelj

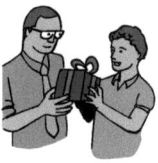

Danke

hvala

Was kostet...?

Koliko košta...?

Ich verstehe nicht

ne razumijem

Problem

problem

Guten Abend!

dobro veče!

Guten Morgen!

Dobro jutro!

Gute Nacht!

Laku noć!

Auf Wiedersehen

doviđenja

Richtung

smjer

Gepäck

prtljaga

Tasche

torba

Rucksack

ruksak

Gast

gost

Zimmer

soba

Schlafsack

vreća za spavanje

Zelt

šator

Touristeninformation

turističke informacije

Strand

plaža

Kreditkarte

kreditna kartica

Frühstück

doručak

Mittagessen

ručak

Abendessen

večera

Fahrkarte

karta za vožnju

Fahrstuhl

dizalo

Briefmarke

poštanska markica

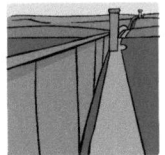

Grenze

granica

Zoll

carina

Botschaft

ambasada

Visum

viza

Pass

putovnica

Transport

transport

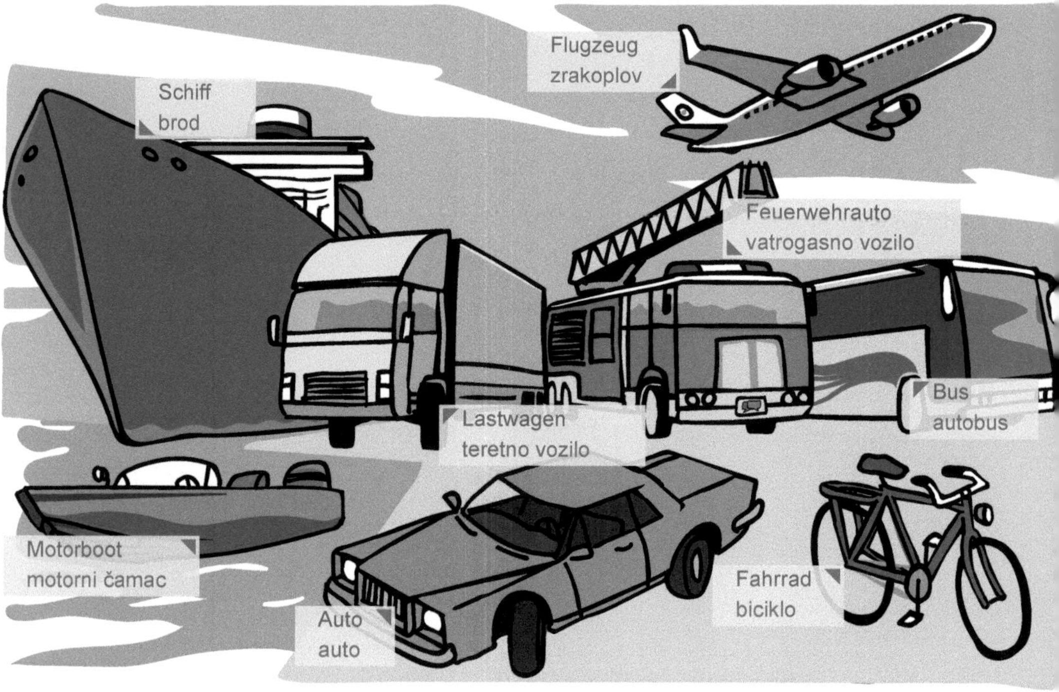

Flugzeug
zrakoplov

Schiff
brod

Feuerwehrauto
vatrogasno vozilo

Bus
autobus

Lastwagen
teretno vozilo

Motorboot
motorni čamac

Fahrrad
biciklo

Auto
auto

Fähre

trajekt

Boot

čamac

Motorrad

motocikl

Polizeiauto

policijski auto

Rennauto

trkaći auto

Mietwagen

iznajmljeno auto

Carsharing

dijeljenje automobila

Abschleppwagen

vučno vozilo

Müllauto

vozilo za odvoz smeća

Motor

motor

Kraftstoff

benzin

Tankstelle

benzinska postaja

Verkehrsschild

prometni znak

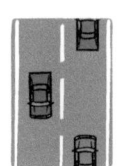

Verkehr

promet

Stau

zastoj

Parkplatz

parkiralište

Bahnhof

kolodvor

Schienen

šine

Zug

vlak

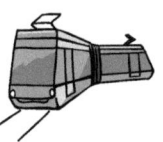

Straßenbahn

tramvaj

Wagon

vagon

Helikopter
helikopter

Flughafen
zrakoplovna luka

Tower
toranj

Passagier
putnik

Container
kontejner

Karton
karton

Karren
kolica

Korb
košara

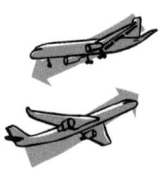

starten / landen
uzletjeti / sletjeti

Stadt
grad

Dorf
selo

Stadtzentrum
centar grada

Haus
kuća

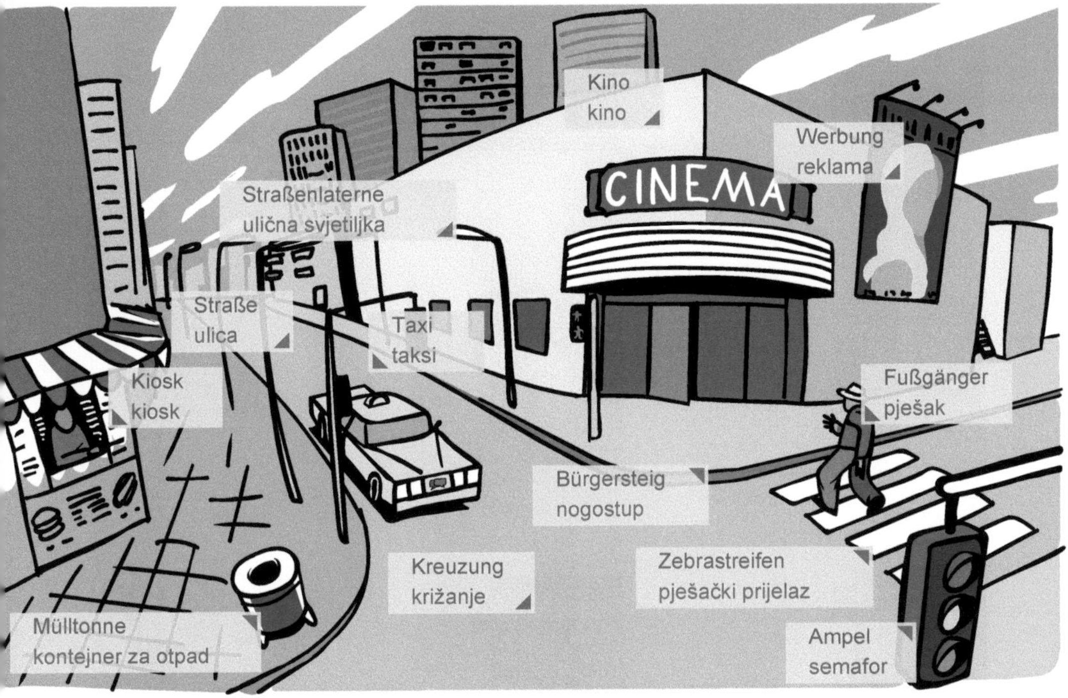

Kino
kino
Werbung
reklama
CINEMA
Straßenlaterne
ulična svjetiljka
Straße
ulica
Taxi
taksi
Kiosk
kiosk
Fußgänger
pješak
Bürgersteig
nogostup
Kreuzung
križanje
Zebrastreifen
pješački prijelaz
Mülltonne
kontejner za otpad
Ampel
semafor

Hütte

koliba

Wohnung

stan

Bahnhof

kolodvor

Rathaus

vijećnica

MUSEUM

Museum

muzej

Schule

škola

Universität

sveučilište

Bank

banka

Krankenhaus

bolnica

Hotel

hotel

Apotheke

ljekarna

Büro

ured

Buchhandlung

knjižara

Geschäft

prodavaonica

Blumenladen

cvjećara

Supermarkt

supermarket

Markt

trg

Kaufhaus

robna kuća

Fischhändler

ribarnica

Einkaufszentrum

trgovački centar

Hafen

luka

Park
park

Bank
klupa

Brücke
most

Treppe
stepenice

U-Bahn
podzemna željeznica

Tunnel
tunel

Bushaltestelle
autobusna stanica

Bar
bar

Restaurant
restoran

Briefkasten
poštansko sanduče

Straßenschild
ulični znak

Parkuhr
parkirni sat

Zoo
zoološki vrt

Badeanstalt
bazen

Moschee
džamija

Bauernhof

seosko gazdinstvo

Umweltverschmutzung

zagađenje okoliša

Friedhof

groblje

Kirche

crkva

Spielplatz

igralište

Tempel

hram

Landschaft

krajolik

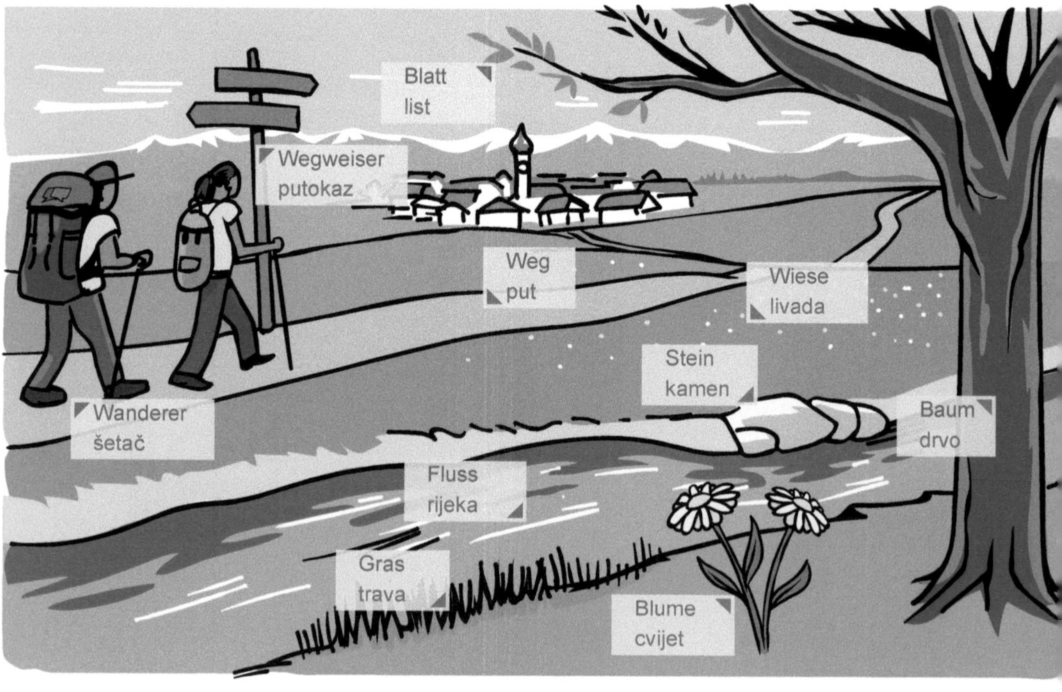

Blatt
list

Wegweiser
putokaz

Weg
put

Wiese
livada

Stein
kamen

Wanderer
šetač

Baum
drvo

Fluss
rijeka

Gras
trava

Blume
cvijet

Tal

dolina

Berg

planina

See

jezero

Wald

šuma

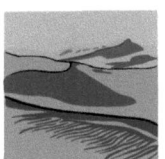

Wüste

pustinja

Vulkan

vulkan

Schloss

dvorac

Regenbogen

duga

Pilz

gljiva

Palme

palma

Moskito

moskito

Fliege

muha

Ameise

mrav

Biene

pčela

Spinne

pauk

Käfer

buba

Frosch

žaba

Eichhörnchen

vjeverica

Igel

jež

Hase

zec

Eule

sova

Vogel

ptica

Schwan

labud

Wildschwein

divlja svinja

Hirsch

jelen

Elch

los

Staudamm

nasip

Windrad

vjetrenjača

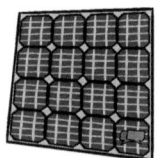

Solarmodul

solarna ploča

Klima

klima

Restaurant
restoran

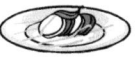

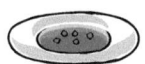

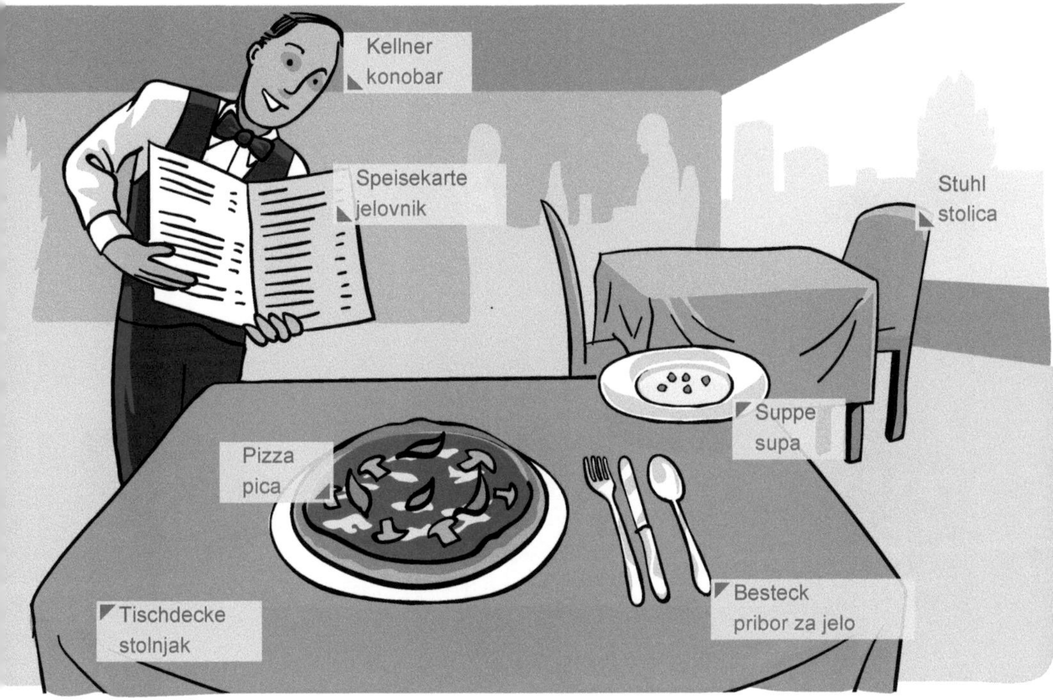
Kellner
konobar
Speisekarte
jelovnik
Stuhl
stolica
Suppe
supa
Pizza
pica
Besteck
pribor za jelo
Tischdecke
stolnjak

Vorspeise
predjelo

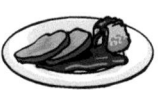

Hauptgericht
glavno jelo

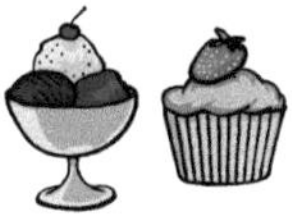

Nachspeise
desert

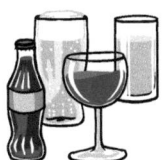

Getränke
napitci

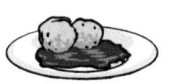

Essen
jelo

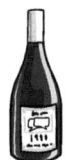

Flasche
boca

Fastfood

fastfood

Streetfood

imbis hrana

Teekanne

čajnik

Zuckerdose

doza za šećer

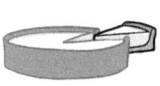

Portion

porcija

Espressomaschine

aparat za espresso

Hochstuhl

visoka stolica

Rechnung

račun

Tablett

pladanj

Messer

nož

Gabel

vilica

Löffel

žlica

Teelöffel

čajna žlica

Serviette

ubrus

Glas

čaša

Teller

tanjur

Suppenteller

tanjur za supu

Untertasse

tanjurić

Sauce

sos

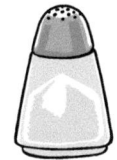

Salzstreuer

soljenka

Pfeffermühle

mlin za biber

Essig

ocat

Öl

ulje

Gewürze

začini

Ketchup

kečap

Senf

senf

Mayonnaise

majoneza

Supermarkt
supermarket

Angebot
ponuda
FOR
Kunde
kupac
Milchprodukte
mliječni proizvodi
Obst
voće
Einkaufswagen
kolica za kupnju

BUTCHERS

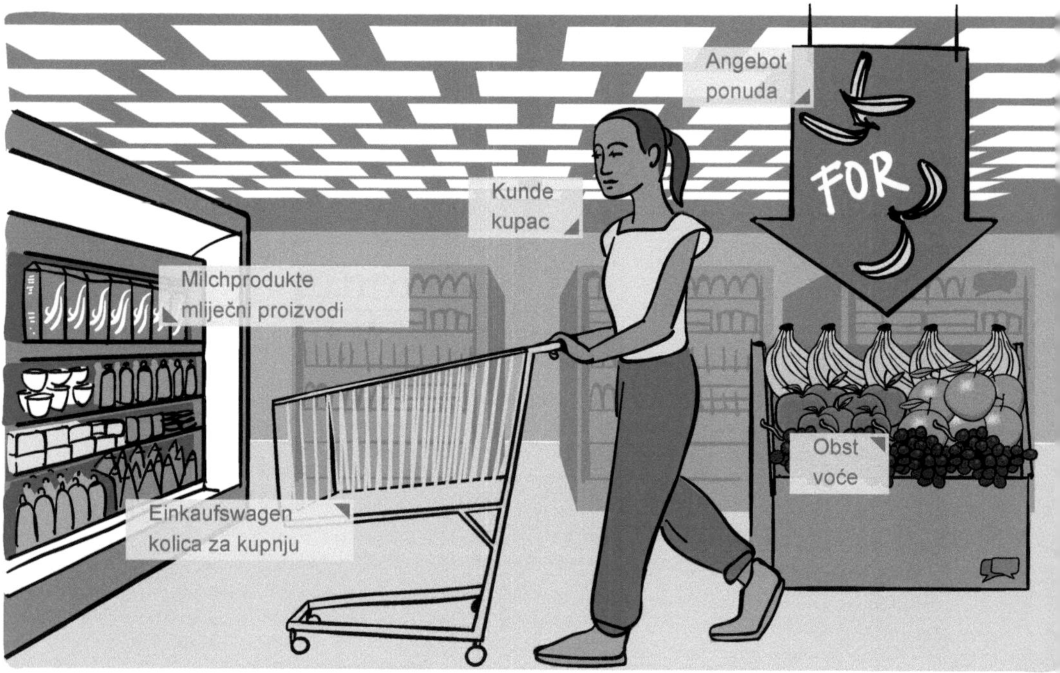

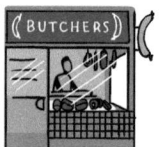

Schlachterei

mesnica

BAKERY

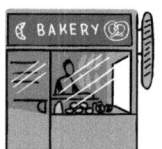

Bäckerei

pekarnica

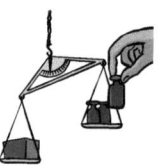

wiegen

vagati

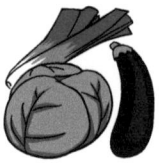

Gemüse

povrće

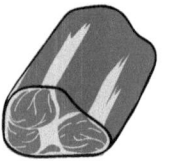

Fleisch

meso

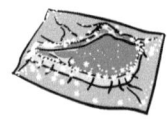

Tiefkühlkost

duboko smrznuta hrana

Aufschnitt

narezak

Konserven

konzerve

Waschmittel

sredstvo za pranje

Süßigkeiten

slatkiši

Haushaltsartikel

artikli za domaćinstvo

Reinigungsmittel

sredstva za čišćenje

Verkäuferin

prodavačica

Kasse

blagajna

Kassierer

blagajnik

Einkaufsliste

lista za kupnju

Öffnungszeiten

vrijeme rada

Brieftasche

novčanik

Kreditkarte

kreditna kartica

Tasche

torba

Plastiktüte

plastična vrećica

Wasser

voda

Saft

sok

Milch

mlijeko

Cola

cola

Wein

vino

Bier

pivo

Alkohol

alkohol

Kakao

kakao

Tee

čaj

Kaffee

kava

Espresso

espresso

Cappuccino

cappuccino

Banane

banana

Apfel

jabuka

Orange

naranča

Melone

lubenica

Zitrone

limun

Karotte

mrkva

Knoblauch

češnjak

Bambus

bambus

Zwiebel

luk

Pilz

gljiva

Nüsse

orašasti plodovi

Nudeln

rezanci

Spaghetti

špagete

Reis

riža

Salat

salata

Pommes frites

pomfrit

Bratkartoffeln

pečeni krumpir

Pizza

pica

Hamburger

hamburger

Sandwich

sendvič

Schnitzel

šnicla

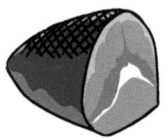

Schinken

pršut

Salami

salama

Wurst

kobasica

Huhn

kokoš

Braten

pečenje

Fisch

riba

Haferflocken

zobene pahuljice

Müsli

musli

Cornflakes

kukuruzne pahuljice

Mehl

brašno

Croissant

roščić

Brötchen

pecivo

Brot

kruh

Toast

toast

Kekse

keksi

Butter

maslac

Quark

svježi sir

Kuchen

kolač

Ei

jaje

Spiegelei

jaje na oko

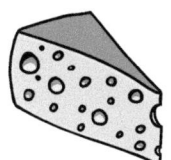

Käse

sir

Eiscreme

sladoled

Zucker

šećer

Honig

med

Marmelade

marmelada

Nougat-Creme

nugat krema

Curry

curry

Bauernhof
seosko gazdinstvo

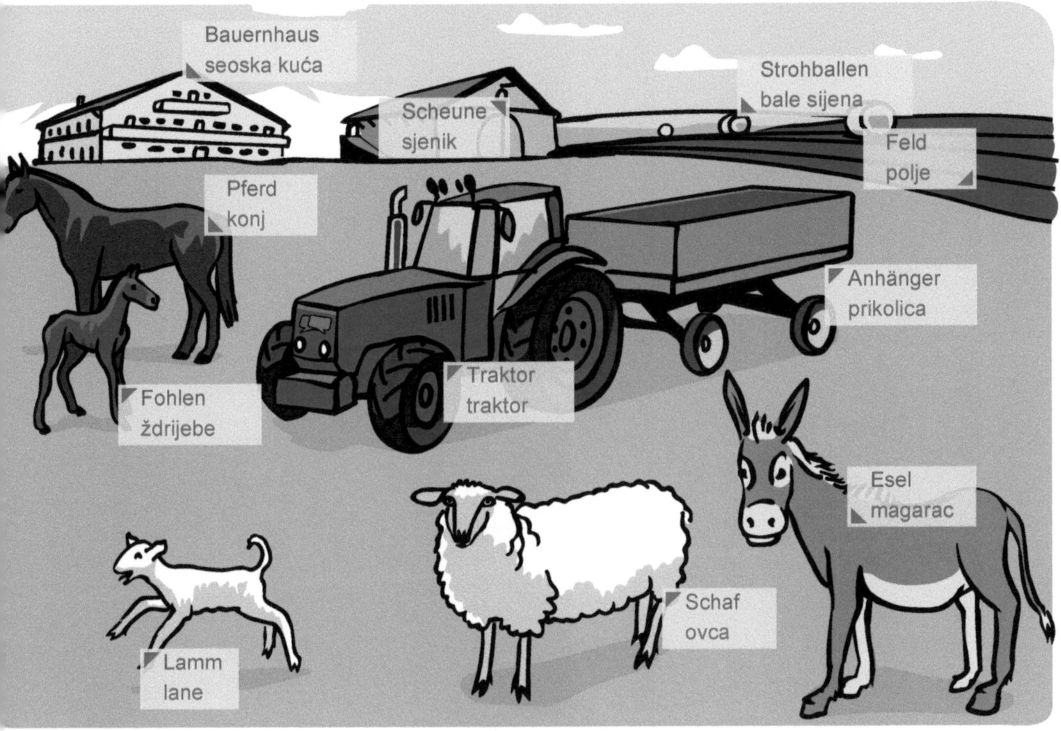
Bauernhaus
seoska kuća
Scheune
sjenik
Strohballen
bale sijena
Feld
polje
Pferd
konj
Anhänger
prikolica
Traktor
traktor
Fohlen
ždrijebe
Esel
magarac
Schaf
ovca
Lamm
lane

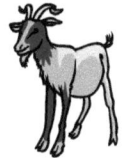

Ziege

koza

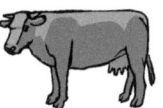

Kuh

krava

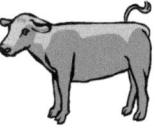

Kalb

tele

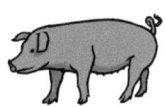

Schwein

svinja

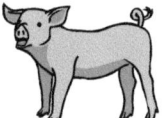

Ferkel

prase

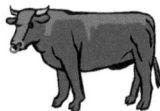

Bulle

bik

Gans

guska

Ente

patka

Küken

pilići

Huhn

kokoš

Hahn

pijetao

Ratte

pacov

Katze

mačka

Maus

miš

Ochse

vol

Hund

pas

Hundehütte

kućica za psa

Gartenschlauch

vrtno crijevo

Gießkanne

kanta za polijevanje

Sense

kosa

Pflug

plug

Sichel

srp

Hacke

motika

Mistgabel

vilica za gnojivo

Axt

sjekira

Schubkarre

tačke

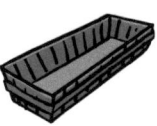

Trog

korito

Milchkanne

posuda za mlijeko

Sack

vreća

Zaun

ograda

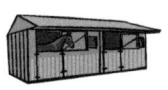

Stall

štala

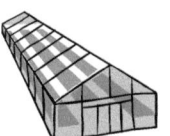

Treibhaus

staklenik

Boden

zemlja

Saat

sjeme

Dünger

gnojivo

Mähdrescher

kombajn

ernten

žanjati

Ernte

žetva

Yamswurzel

yams začin

Weizen

pšenica

Soja

soja

Kartoffel

krumpir

Mais

kukuruz

Raps

uljana repica

Obstbaum

voćka

Maniok

gomolj manioke

Getreide

žitarice

Haus
kuća

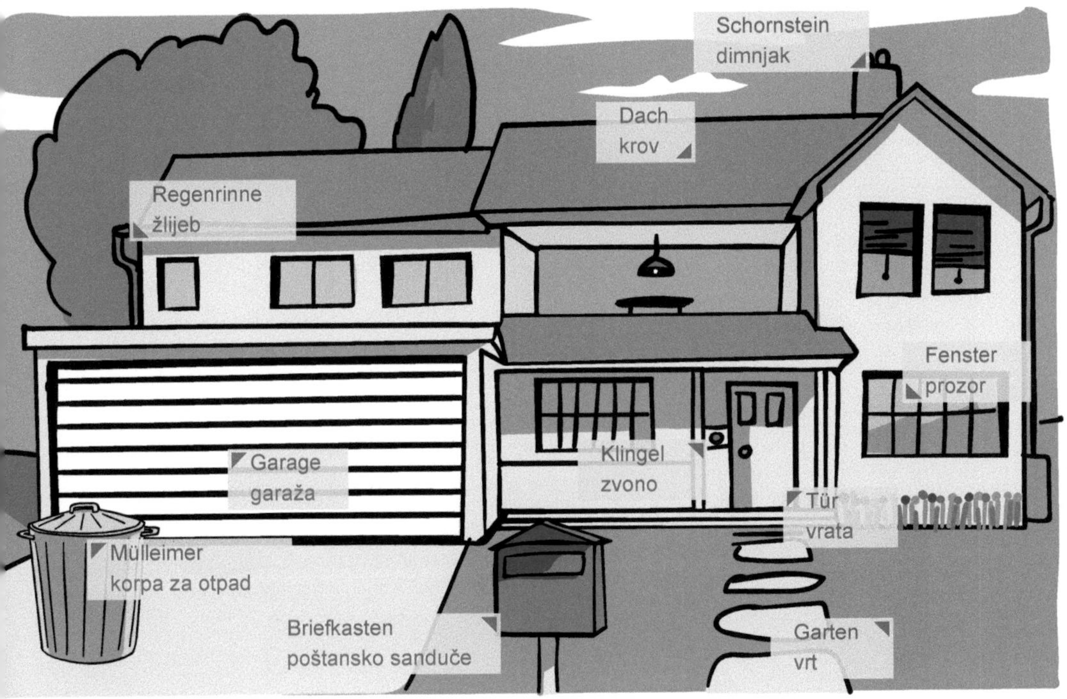

Schornstein
dimnjak
Dach
krov
Regenrinne
žlijeb
Fenster
prozor
Garage
garaža
Klingel
zvono
Tür
vrata
Mülleimer
korpa za otpad
Briefkasten
poštansko sanduče
Garten
vrt

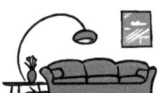

Wohnzimmer

dnevna soba

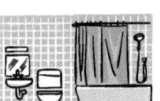

Badezimmer

kupaonica

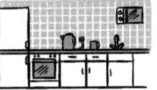

Küche

kuhinja

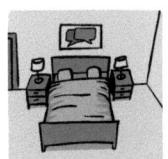

Schlafzimmer

spavaća soba

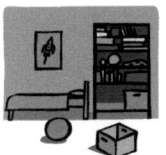

Kinderzimmer

dječija soba

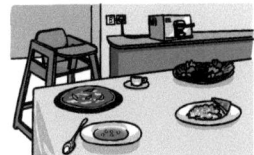

Esszimmer

trpezarija

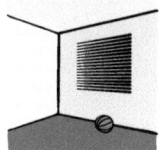

Boden

pod

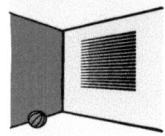

Wand

zid

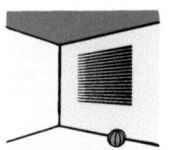

Decke

strop

Keller

podrum

Sauna

sauna

Balkon

balkon

Terrasse

terasa

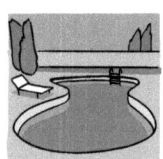

Schwimmbad

bazen

Rasenmäher

kosilica za travu

Bettbezug

posteljina za krevet

Bettdecke

deka za krevet

Bett

krevet

Besen

metla

Eimer

kanta

Schalter

sklopka

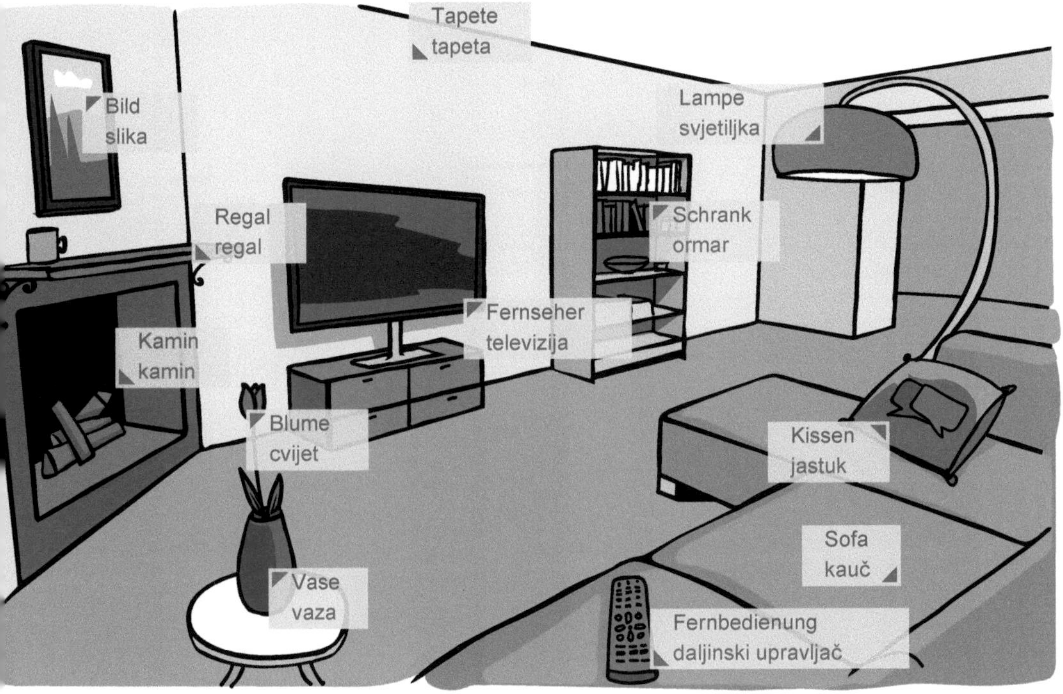

Tapete
tapeta

Bild
slika

Lampe
svjetiljka

Regal
regal

Schrank
ormar

Kamin
kamin

Fernseher
televizija

Blume
cvijet

Kissen
jastuk

Sofa
kauč

Vase
vaza

Fernbedienung
daljinski upravljač

Teppich

tepih

Vorhang

zavjesa

Tisch

stol

Stuhl

stolica

Schaukelstuhl

stolica za njihanje

Sessel

fotelja

Buch

knjiga

Decke

deka

Dekoration

dekoracija

Feuerholz

drvo za ogrjev

Film

film

Stereoanlage

stereo uređaj

Schlüssel

ključ

Zeitung

novine

Gemälde

slika na platnu

Poster

poster

Radio

radio

Notizblock

blok za pisanje

Staubsauger

usisavač

Kaktus

kaktus

Kerze

svijeća

Küche
kuhinja

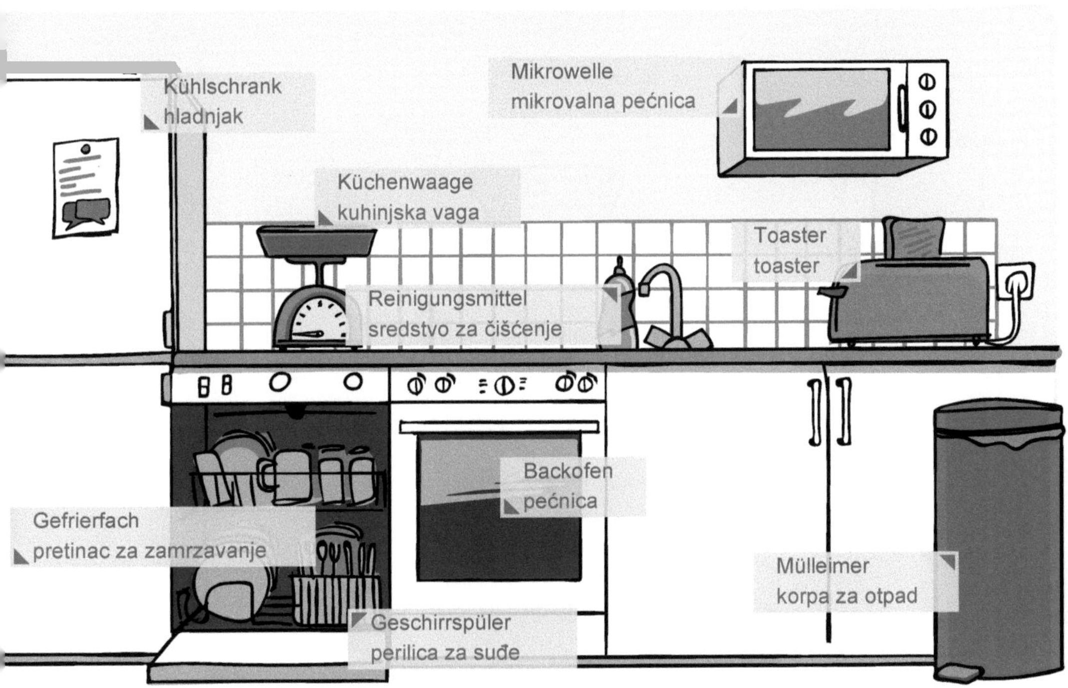
Kühlschrank
hladnjak
Mikrowelle
mikrovalna pećnica
Küchenwaage
kuhinjska vaga
Toaster
toaster
Reinigungsmittel
sredstvo za čišćenje
Backofen
pećnica
Gefrierfach
pretinac za zamrzavanje
Müllleimer
korpa za otpad
Geschirrspüler
perilica za suđe

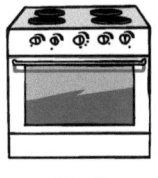

Herd
....
štednjak

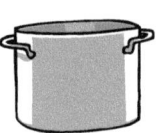

Topf
....
lonac

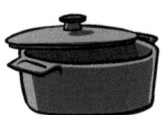

Eisentopf
....
željezni lonac

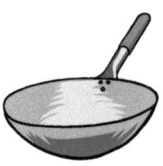

Wok / Kadai
....
wok / kadai

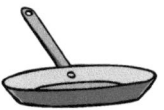

Pfanne
....
tava

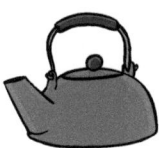

Wasserkocher
....
kuhalo za vodu

Dampfgarer

kuhalo na paru

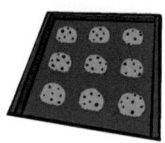

Backblech

lim za pečenje

Geschirr

posuđe

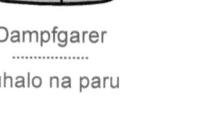

Becher

čaša

Schale

zdjela

Essstäbchen

štapići za jelo

Suppenkelle

kutljača

Pfannenwender

lopatica

Schneebesen

pjenjača

Kochsieb

sito za kuhanje

Sieb

sito

Reibe

ribež

Mörser

mužar

Grill

roštilj

Feuerstelle

ognjište

Küche - kuhinja

Schneidebrett

daska

Nudelholz

oklagija

Korkenzieher

vadičep

Dose

konzerva

Dosenöffner

otvarač konzervi

Topflappen

krpa za lonac

Waschbecken

sudoper

Bürste

četka

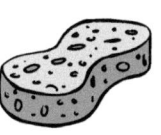

Schwamm

spužva

Mixer

mikser

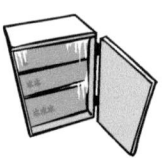

Gefriertruhe

zamrzivač

Babyflasche

bočica za bebe

Wasserhahn

slavina za vodu

Badezimmer
kupaonica

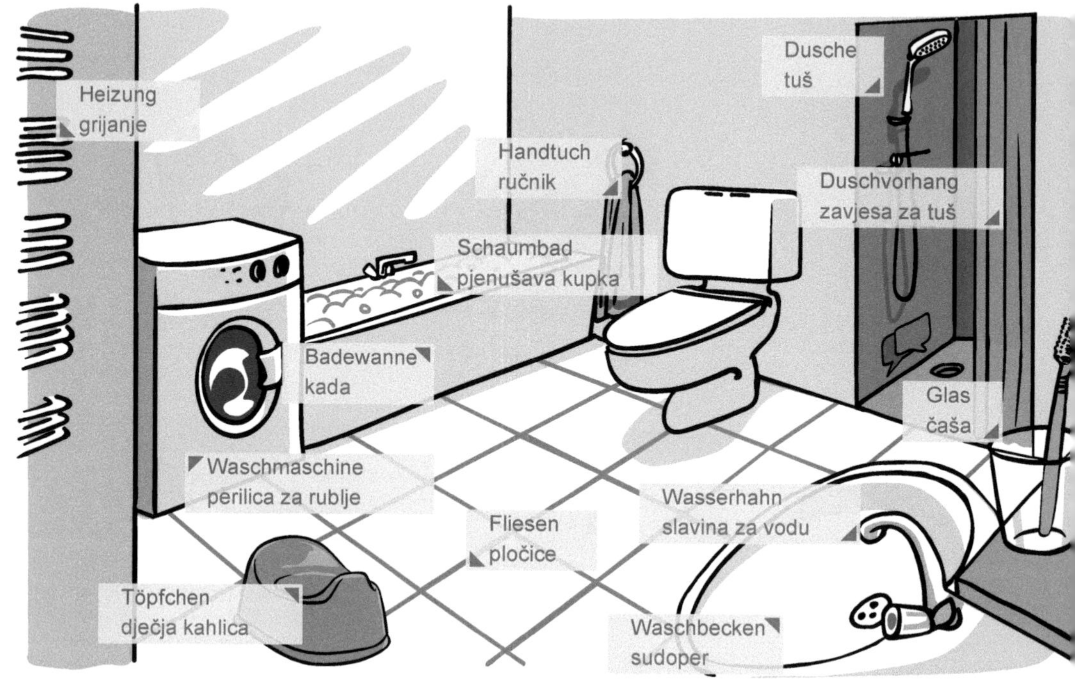

Heizung
grijanje
Dusche
tuš
Handtuch
ručnik
Duschvorhang
zavjesa za tuš
Schaumbad
pjenušava kupka
Badewanne
kada
Glas
čaša
Waschmaschine
perilica za rublje
Wasserhahn
slavina za vodu
Fliesen
pločice
Töpfchen
dječja kahlica
Waschbecken
sudoper

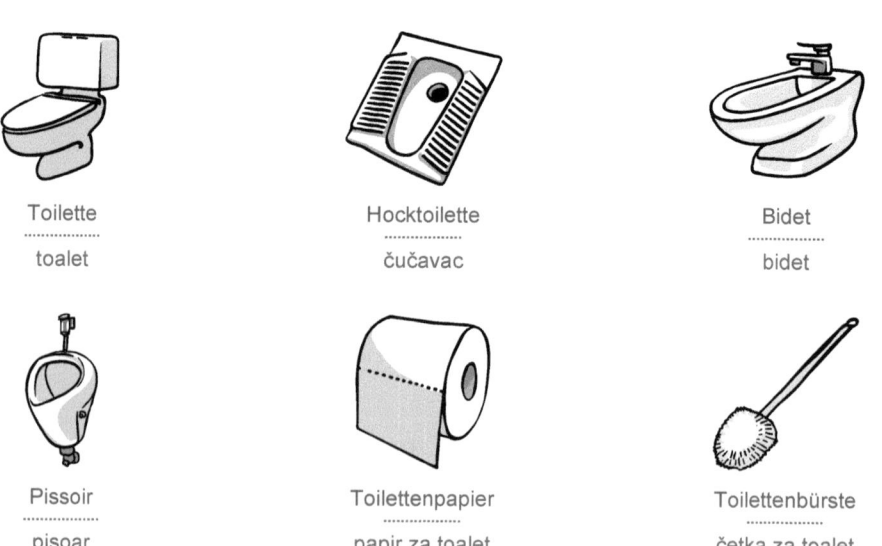

Toilette

toalet

Hocktoilette

čučavac

Bidet

bidet

Pissoir

pisoar

Toilettenpapier

papir za toalet

Toilettenbürste

četka za toalet

Zahnbürste

četkica za zube

Zahnpasta

pasta za zube

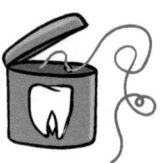

Zahnseide

konac za zube

waschen

prati

Handbrause

tuš ručica

Intimdusche

tuš za pranje intimnih dijelova

Waschschüssel

lavor

Rückenbürste

četka za pranje leđa

Seife

sapun

Duschgel

gel za tuširanje

Shampoo

šampon

Waschlappen

krpa za pranje

Abfluss

odvod

Creme

krema

Deodorant

dezodorans

Spiegel

ogledalo

Kosmetikspiegel

kozmetičko ogledalo

Rasierer

brijač

Rasierschaum

pjena za brijanje

Rasierwasser

losion za poslije brijanja

Kamm

češalj

Bürste

četka

Föhn

sušilo za kosu

Haarspray

sprej za kosu

Makeup

makeup

Lippenstift

ruž za usne

Nagellack

lak za nokte

Watte

vata

Nagelschere

škare za nokte

Parfum

parfem

Kulturbeutel

neseser

Hocker

stolica

Waage

vaga

Bademantel

ogrtač

Gummihandschuhe

rukavice za čišćenje

Tampon

tampon

Damenbinde

uložak

Chemietoilette

kemijski toalet

Kinderzimmer
dječija soba

Wecker
budilnik
Kuscheltier
plišana igračka
Spielzeugauto
auto igračka
Rassel
zvečka
Puppenhaus
kućica za lutke
Geschenk
poklon

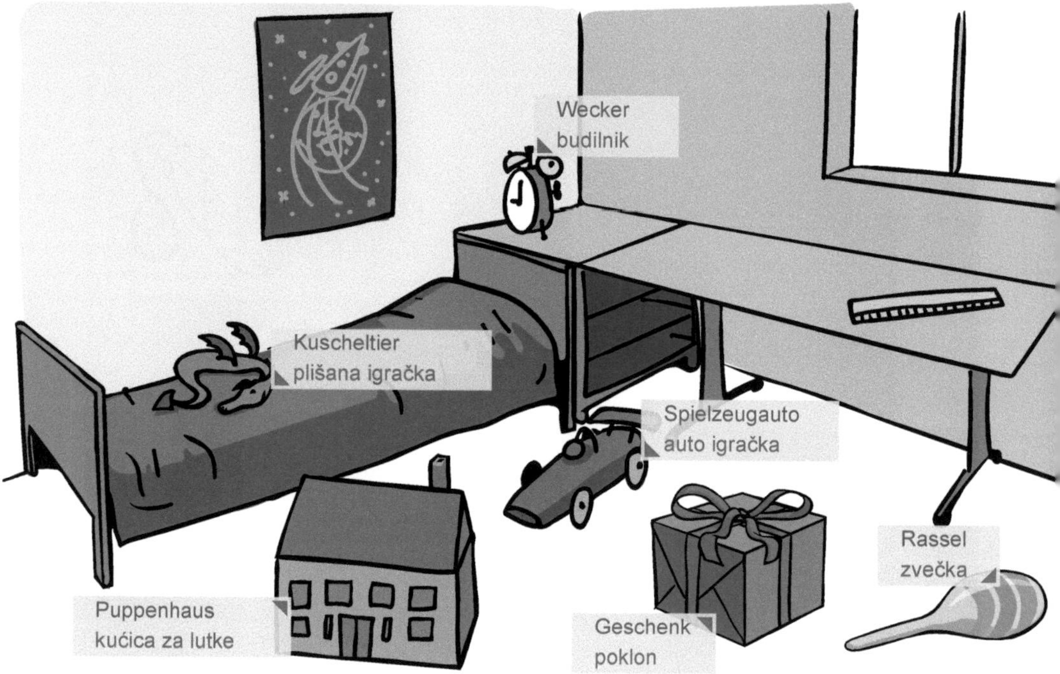

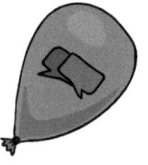

Ballon
balon

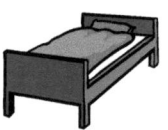

Bett
krevet

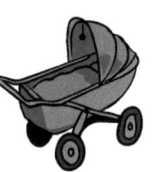

Kinderwagen
dječija kolica

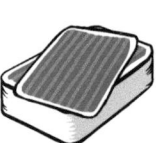

Kartenspiel
igra s kartama

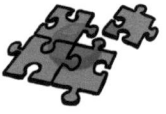

Puzzle
slagalica

Comic
strip

Legosteine

lego kockice

Bausteine

kockice za slaganje

Action Figur

akcioni junak

Strampelanzug

kombinezon za bebe

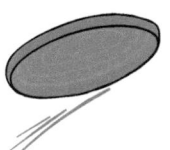

Frisbee

frizbi

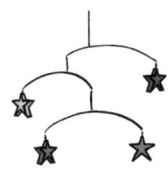

Mobile

viseće igračke

Brettspiel

društvene igre

Würfel

kocka

Modelleisenbahn

minijaturna željeznica

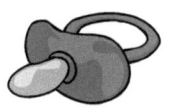

Schnuller

duda

Party

tulum

Bilderbuch

slikovnica

Ball

lopta

Puppe

lutka

spielen

igrati

Kinderzimmer - dječija soba

Sandkasten

pješčanik

Schaukel

ljuljačka

Spielzeug

igračka

Spielkonsole

konzola za igre

Dreirad

tricikl

Teddy

plišani medo

Kleiderschrank

ormar

Kleidung
odjeća

Socken

kratke čarape

Strümpfe

čarape

Strumpfhose

hulahopke

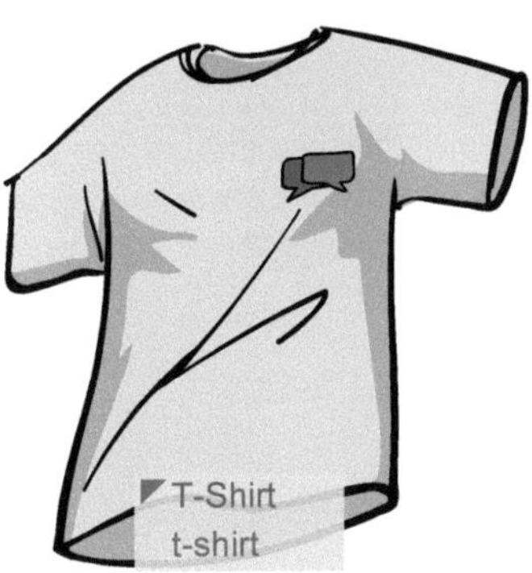

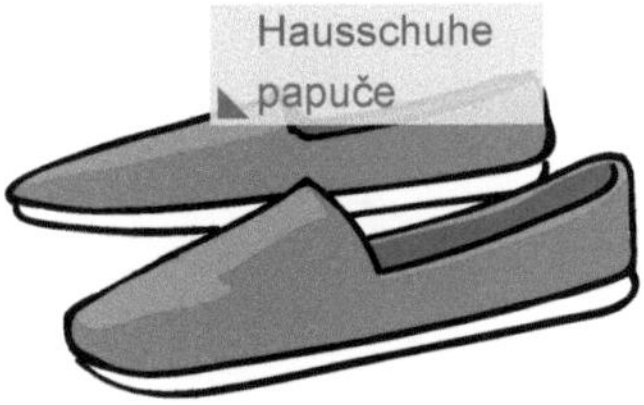

Schal
šal

Gürtel
kaiš

Regenschirm
kišobran

T-Shirt
t-shirt

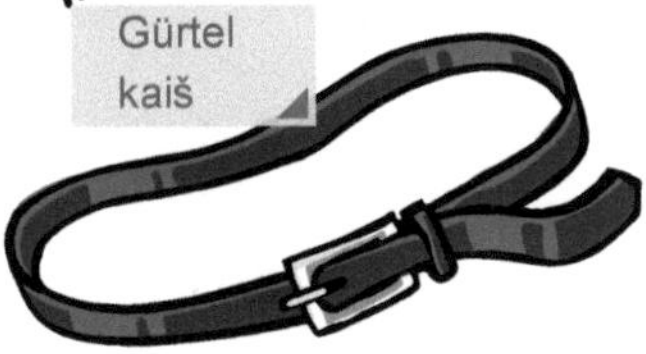

Stiefel
čizme

Hausschuhe
papuče

Turnschuhe
patike

Sandalen
....
sandale

Schuhe
....
cipele

Gummistiefel
....
gumene čizme

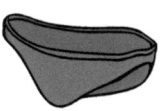

Unterhose
....
gaćice

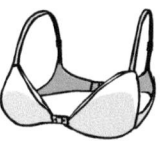

Büstenhalter
....
grudnjak

Unterhemd
....
potkošulja

Body
bodi

Hose
hlače

Jeans
džins

Rock
haljina

Bluse
bluza

Hemd
košulja

Pullover
džemper

Kapuzenpullover
pulover s kapuljačom

Blazer
blejzer

Jacke
jakna

Mantel
kaput

Regenmantel
kabanica

Kostüm
kostim

Kleid
haljina

Hochzeitskleid
vjenčanica

Anzug

odijelo

Nachthemd

spavaćica

Schlafanzug

pidžama

Sari

sari

Kopftuch

rubac

Turban

turban

Burka

burka

Kaftan

kaftan

Abaya

abaja

Badeanzug

kupaći kostim

Badehose

kupaće gaćice

Kurze Hose

kratke hlače

Trainingsanzug

odjeća za trening

Schürze

pregača

Handschuhe

rukavice

Knopf

gumb

Brille

naočale

Armband

narukvica

Halskette

ogrlica

Ring

prsten

Ohrring

naušnica

Mütze

kapa

Kleiderbügel

vješalica

Hut

šešir

Krawatte

kravata

Reißverschluss

patent zatvarač

Helm

kaciga

Hosenträger

naramenice

Schuluniform

školska uniforma

Uniform

uniforma

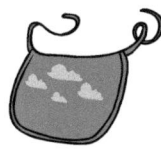

Lätzchen

podbradak

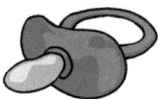

Schnuller

duda

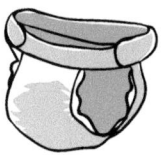

Windel

pelena

Büro

ured

Server
server
Aktenschrank
ormar za spise
Drucker
pisač
Papier
papir
Monitor
monitor
Maus
miš
Schreibtisch
pisaći stol
Ordner
mapa
Tastatur
tipkovnica
Papierkorb
košara za papir
Computer
računar
Stuhl
stolica

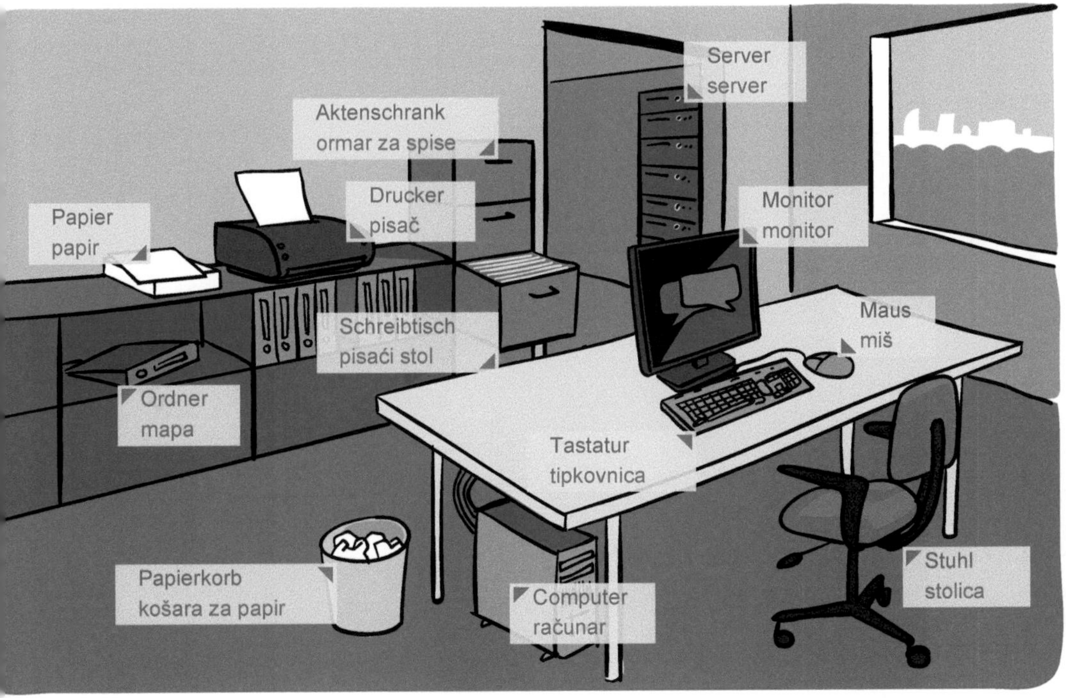

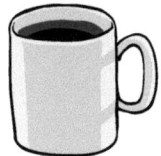

Kaffeebecher

šalica za kavu

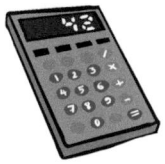

Taschenrechner

kalkulator

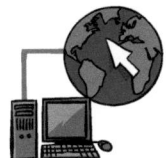

Internet

internet

Laptop

laptop

Brief

pismo

Nachricht

poruka

Handy

mobilni telefon

Netzwerk

mreža

Kopierer

uređaj za kopiranje

Software

softver

Telefon

telefon

Steckdose

utičnica

Fax

faks

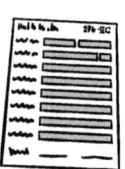

Formular

obrazac

Dokument

dokument

kaufen

kupovati

bezahlen

platiti

handeln

trgovati

Geld

novac

Dollar

dolar

Euro

euro

Yen

jen

Rubel

rubalj

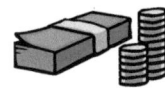

Franken

švicarski franak

Renminbi Yuan

renmindbi yuan

Rupie

rupija

Geldautomat

automat za novac

Wechselstube

mjenjačnica

Gold

zlato

Silber

srebro

Öl

nafta

Energie

energija

Preis

cijena

Vertrag

ugovor

Steuer

porez

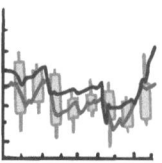

Aktie

dionica

arbeiten

raditi

Angestellter

službenik

Arbeitgeber

poslodavac

Fabrik

tvornica

Geschäft

prodavaonica

Berufe
zanimanja

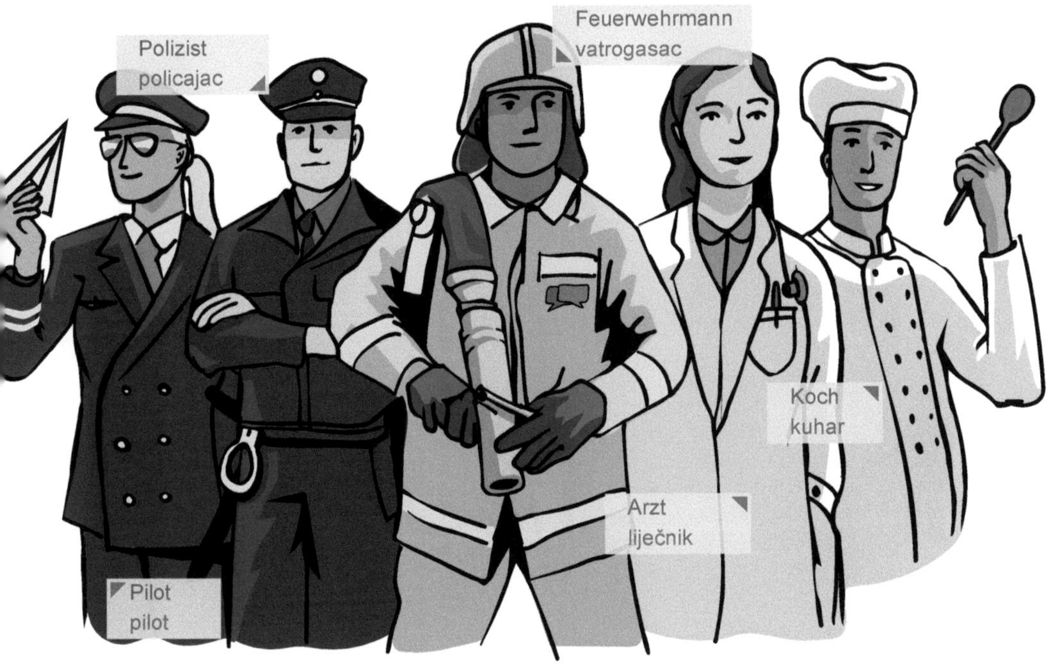
Polizist
policajac
Feuerwehrmann
vatrogasac
Koch
kuhar
Arzt
liječnik
Pilot
pilot

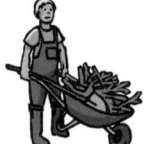

Gärtner

vrtlar

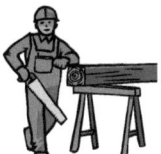

Tischler

stolar

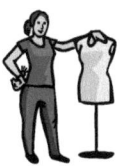

Näherin

krojačica

Richter

sudija

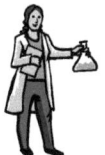

Chemiker

kemičar

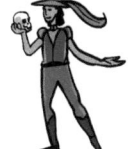

Schauspieler

glumac

Busfahrer

vozač autobusa

Taxifahrer

vozač taksija

Fischer

ribar

Putzfrau

čistačica

Dachdecker

krovopokrivač

Kellner

konobar

Jäger

lovac

Maler

slikar

Bäcker

pekar

Elektriker

električar

Bauarbeiter

građevinski radnik

Ingenieur

inženjer

Schlachter

mesar

Klempner

limar

Postbote

poštar

Soldat

vojnik

Architekt

arhitekta

Kassierer

blagajnik

Florist

cvjećar

Friseur

frizer

Schaffner

kondukter

Mechaniker

mehaničar

Kapitän

kapetan

Zahnarzt

zubar

Wissenschaftler

znanstvenik

Rabbi

rabi

Imam

imam

Mönch

monah

Geistlicher

svećenik

Hammer
čekić

Zange
kliješta

Schraubendreher
odvijač

Schraubenschlüssel
ključ za vijke

Taschenlampe
džepna svjetiljka

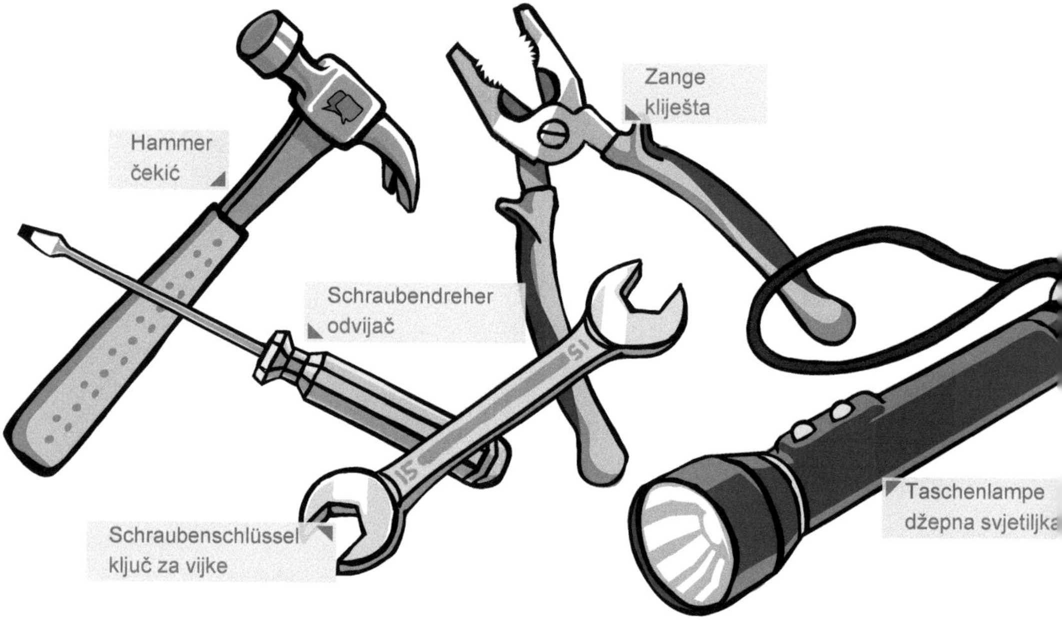

Bagger

rovokopač

Werkzeugkasten

kutija za alat

Leiter

ljestve

Säge

pila

Nägel

ekser

Bohrer

bušilica

reparieren
....
popraviti

Schaufel
....
lopata

Mist!
....
Sranje!

Kehrblech
....
lopatica

Farbtopf
....
lonac za boju

Schrauben
....
vijci

Musikinstrumente
glazbeni instrument

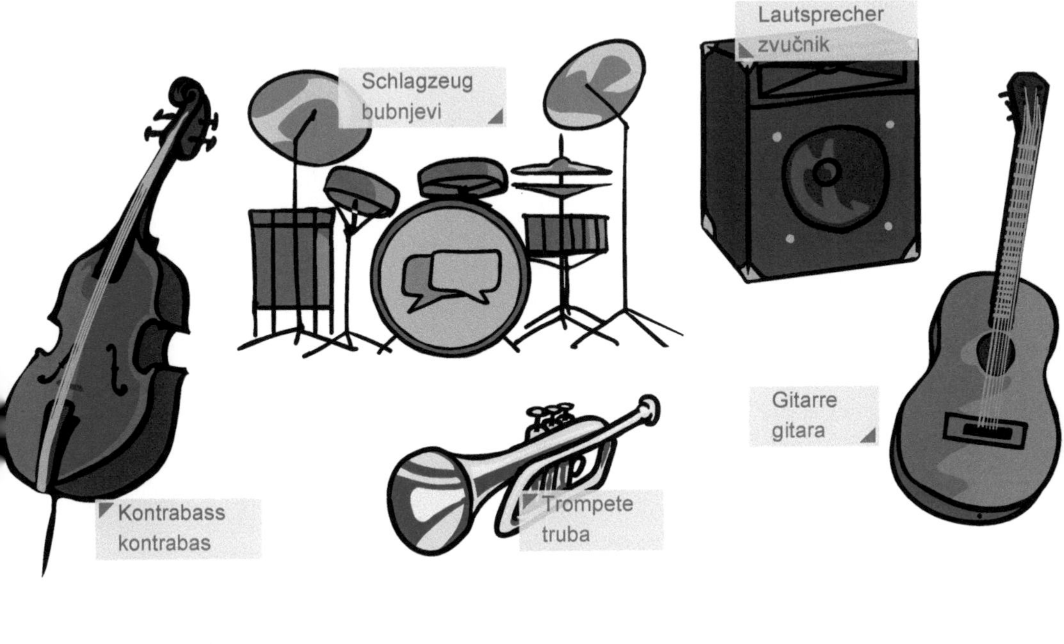

Schlagzeug
bubnjevi

Lautsprecher
zvučnik

Kontrabass
kontrabas

Trompete
truba

Gitarre
gitara

Klavier

klavir

Violine

violina

Bass

bas

Pauke

timpani

Trommeln

udaraljke za bubnjeve

Keyboard

keyboard

Saxophon

saksofon

Flöte

flauta

Mikrofon

mikrofon

Musikinstrumente - glazbeni instrument

Zoo
zoološki vrt

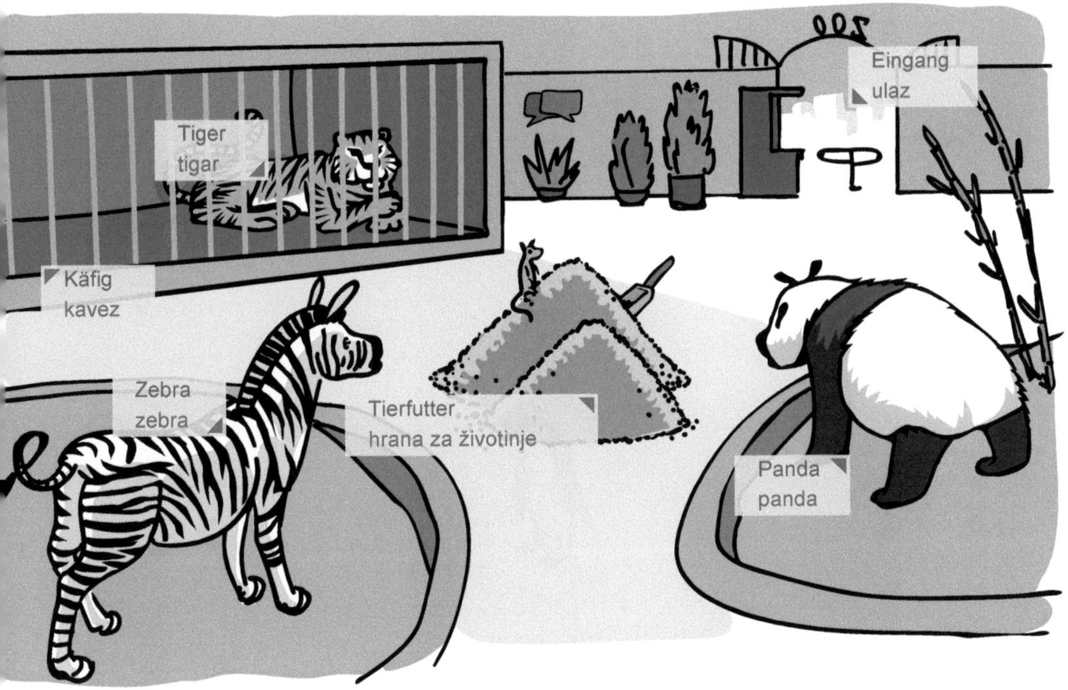
Eingang
ulaz
Tiger
tigar
Käfig
kavez
Zebra
zebra
Tierfutter
hrana za životinje
Panda
panda

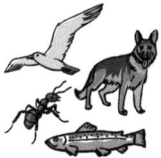

Tiere

životinje

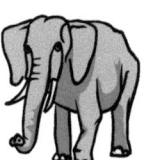

Elefant

slon

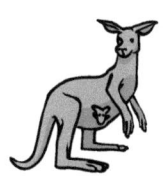

Känguru

kengur

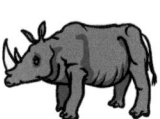

Nashorn

nosorog

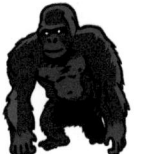

Gorilla

gorila

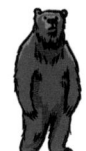

Bär

medvjed

Kamel

kamila

Strauß

noj

Löwe

lav

Affe

majmun

Flamingo

flamingo

Papagei

papagaj

Eisbär

polarni medvjed

Pinguin

pingvin

Hai

ajkula

Pfau

paun

Schlange

zmija

Krokodil

krokodil

Zoowärter

čuvar u zoološkom vrtu

Robbe

tuljan

Jaguar

jaguar

Zoo - zoološki vrt

Pony

poni

Leopard

leopard

Nilpferd

nilski konj

Giraffe

žirafa

Adler

orao

Wildschwein

divlja svinja

Fisch

riba

Schildkröte

kornjača

Walross

morž

Fuchs

lisica

Gazelle

gazela

šport

American Football
američki nogomet

Radfahren
biciklizam

Tennis
tenis

Basketball
košarka

Schwimmen
plivanje

Boxen
boks

Eishockey
hockey na ledu

Fußball

nogomet

Badminton

badminton

Leichtathletik

atletika

Handball

rukomet

Skilaufen

skijanje

Polo

polo

Aktivitäten
aktivnosti

lachen
smijati se
springen
skočiti
umarmen
zagrliti
gehen
ići
singen
pjevati
träumen
sanjati
beten
moliti se
küssen
poljubiti

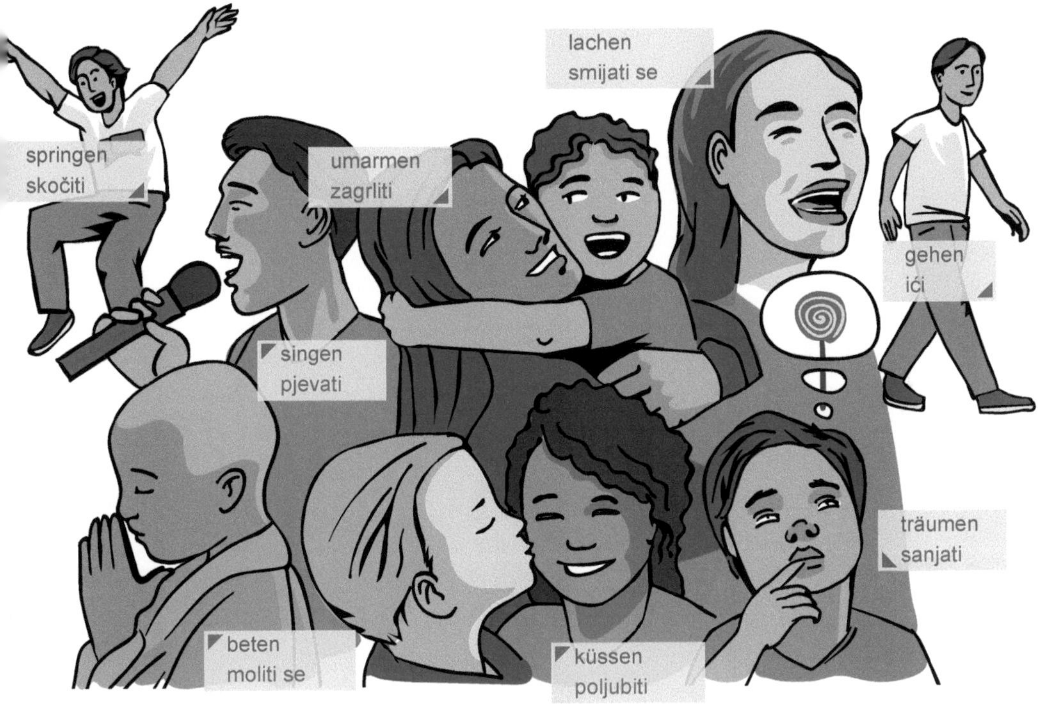

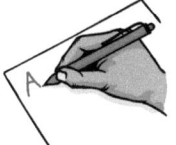

schreiben

pisati

zeichnen

crtati

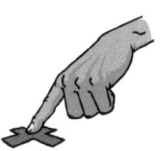

zeigen

pokazati

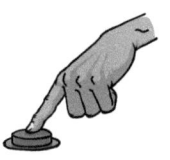

drücken

gurati

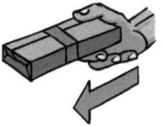

geben

dati

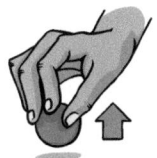

nehmen

uzeti

haben

imati

tun

činiti

sein

biti

stehen

stojati

laufen

trčati

ziehen

povlačiti

werfen

baciti

fallen

padati

liegen

ležati

warten

čekati

tragen

nositi

sitzen

sjediti

anziehen

oblačiti

schlafen

spavati

aufwachen

probuditi se

ansehen

gledati

weinen

plakati

streicheln

milovati

kämmen

češljati

reden

govoriti

verstehen

razumjeti

fragen

pitati

hören

slušati

trinken

piti

essen

jesti

aufräumen

pospremiti

lieben

voljeti

kochen

kuhati

fahren

voziti

fliegen

letjeti

segeln

ploviti

rechnen

računati

lesen

čitati

lernen

učiti

arbeiten

raditi

heiraten

vjenčati se

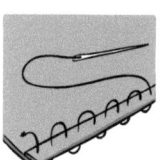

nähen

šiti

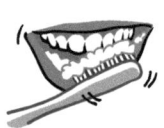

Zähne putzen

prati zube

töten

ubiti

rauchen

pušiti

senden

poslati

Großmutter
baka

Großvater
djed

Vater
otac

Mutter
majka

Baby
beba

Tochter
kćerka

Sohn
sin

Gast

gost

Tante

tetka

Onkel

ujak, stric

Bruder

brat

Schwester

sestra

Körper
tijelo

Stirn
čelo
Auge
oko
Schulter
rame
Finger
prst
Gesicht
lice
Kinn
brada
Hand
ruka
Bein
noga
Brust
grudi
Arm
ruka

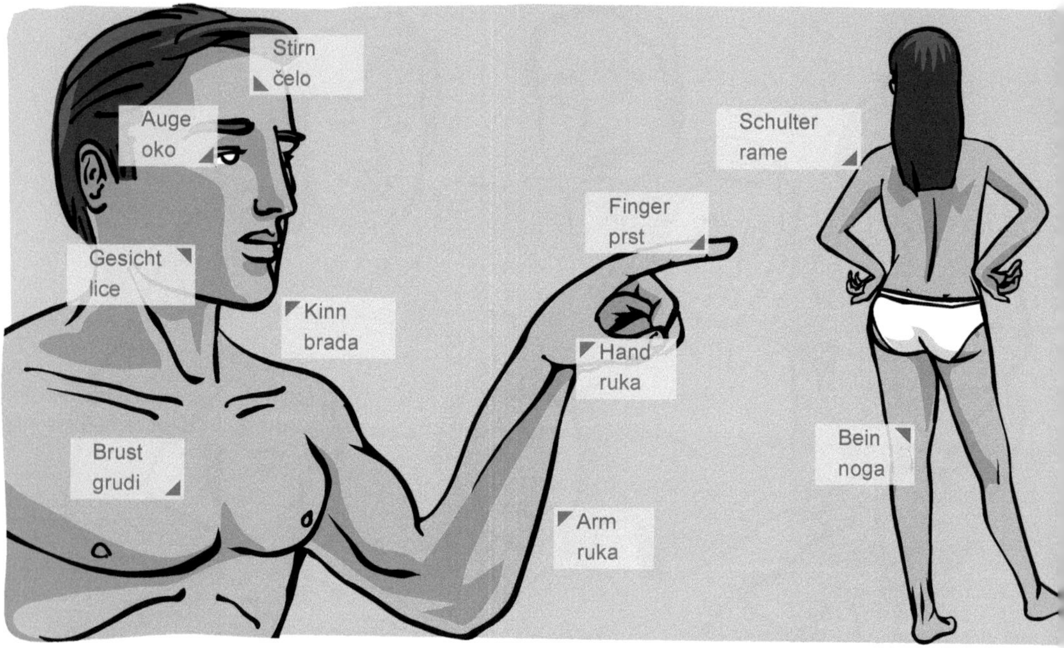

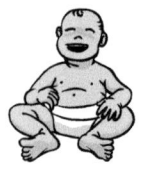

Baby

beba

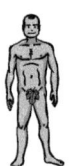

Mann

muškarac

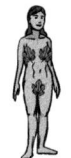

Frau

žena

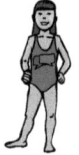

Mädchen

djevojčica

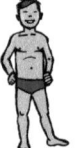

Junge

dječak

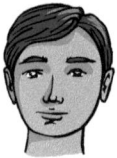

Kopf

glava

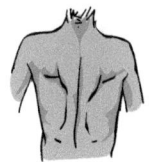

Rücken

leđa

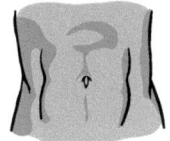

Bauch

trbuh

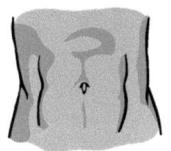

Nabel

pupak

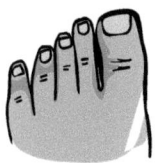

Zeh

nožni prst

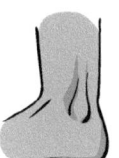

Ferse

peta

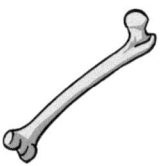

Knochen

kost

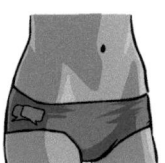

Hüfte

kuk

Knie

koljeno

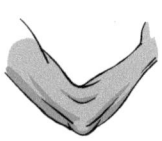

Ellenbogen

lakat

Nase

nos

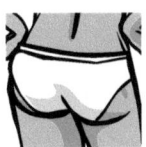

Gesäß

stražnjica

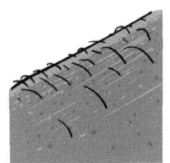

Haut

koža

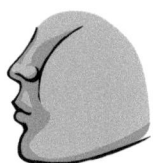

Wange

obraz

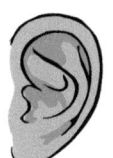

Ohr

uho

Lippe

usna

Körper - tijelo

Mund

usta

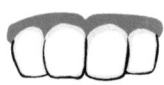

Zahn

zub

Zunge

jezik

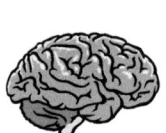

Gehirn

mozak

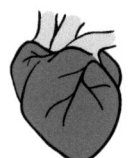

Herz

srce

Muskel

mišić

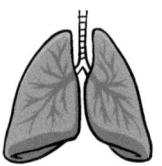

Lunge

pluća

Leber

jetra

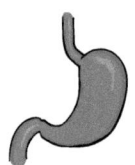

Magen

želudac

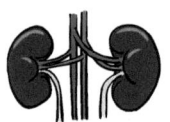

Nieren

bubrezi

Geschlechtsverkehr

snošaj

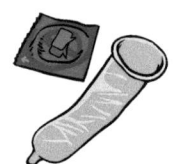

Kondom

kondom

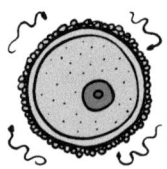

Eizelle

jajna stanica

Sperma

sperma

Schwangerschaft

trudnoća

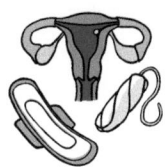

Menstruation

menstruacija

Vagina

vagina

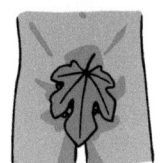

Penis

penis

Augenbraue

obrva

Haar

kosa

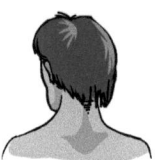

Hals

vrat

Krankenhaus
bolnica

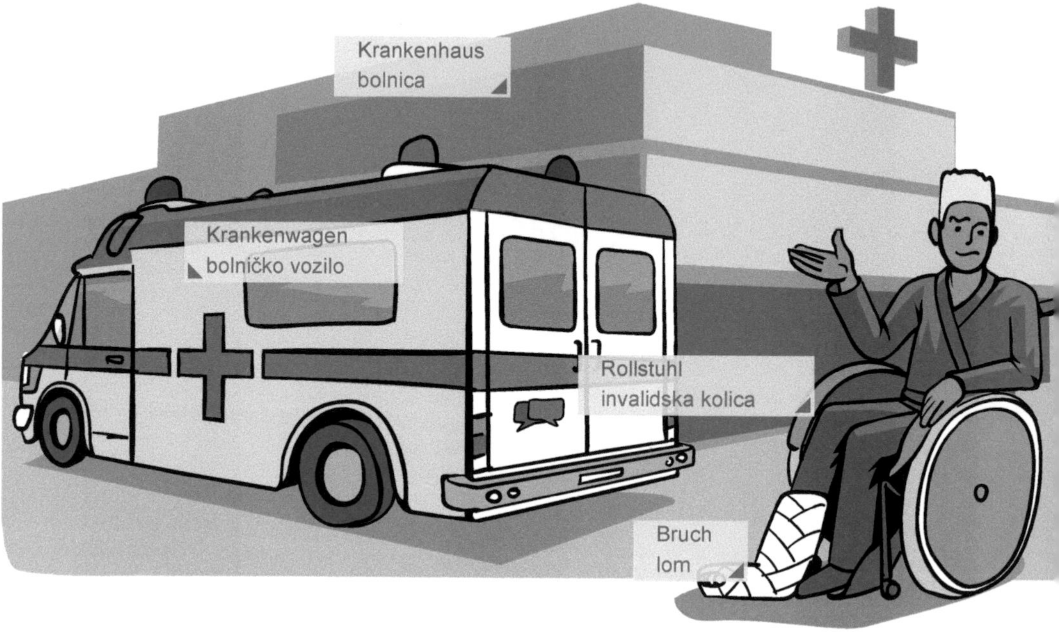

Krankenhaus
bolnica
Krankenwagen
bolničko vozilo
Rollstuhl
invalidska kolica
Bruch
lom

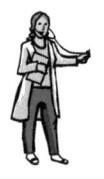

Arzt
liječnik

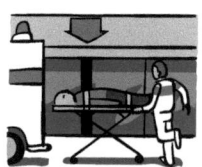

Notaufnahme
hitna medicinska služba

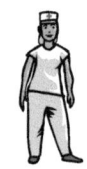

Krankenschwester
medicinska sestra

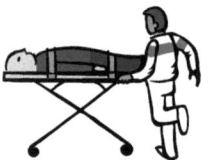

Notfall
hitni slučaj

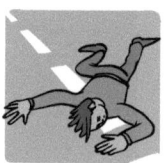

ohnmächtig
nesvijest

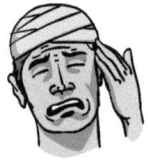

Schmerz
bol

Verletzung

ozljeda

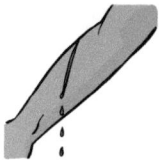

Blutung

krvarenje

Herzinfarkt

srćani infarkt

Schlaganfall

moždani udar

Allergie

alergija

Husten

kašalj

Fieber

groznica

Grippe

gripa

Durchfall

proljev

Kopfschmerzen

glavobolja

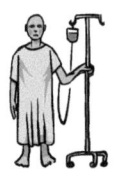

Krebs

rak

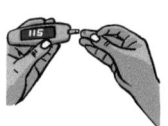

Diabetis

dijabetes

Chirurg

kirurg

Skalpell

skalpel

Operation

operacija

CT

ct

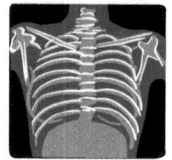

Röntgen

rentgen

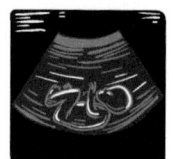

Ultraschall

ultrazvuk

Maske

maska

Krankheit

bolest

Wartezimmer

čekaonica

Krücke

štaka

Pflaster

flaster

Verband

zavoj

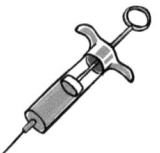

Injektion

injekcija

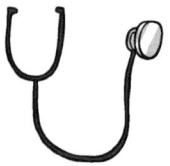

Stethoskop

stetoskop

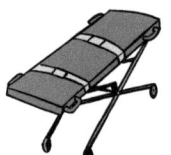

Trage

nosilo

Thermometer

termometar

Geburt

rođenje

Übergewicht

prekomjerna težina

Hörgerät

slušni aparat

Desinfektionsmittel

sredstvo za dezinfekciju

Infektion

infekcija

Virus

virus

HIV / AIDS

hiv / sida

Medizin

medicina

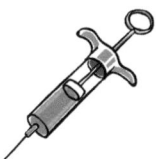

Impfung

vakcinacija

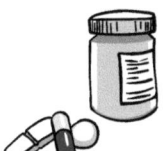

Tabletten

tablete

Pille

pilula

Notruf

poziv u pomoć

Blutdruck-Messgerät

uređaj za mjerenje tlaka

krank / gesund

bolesno / zdravo

Hilfe!

pomoć!

Alarm

alarm

Überfall

nasrtaj

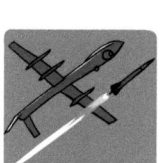

Angriff

napad

Gefahr

opasnost

Notausgang

izlaz za nuždu

Feuer!

požar!

Feuerlöscher

vatrogasni aparat

Unfall

nezgoda

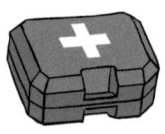

Erste-Hilfe-Koffer

kofer prve pomoći

SOS

sos

Polizei

policija

Europa

Europa

Nordamerika

sjeverna amerika

Südamerika

južna amerika

Afrika

Afrika

Asien

Azija

Australien

Australija

Atlantik

Atlantik

Pazifik

Pacifik

Indischer Ozean

ocean

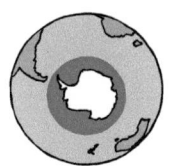

Antarktischer Ozean

antarktički ocean

Arktischer Ozean

arktički ocean

Nordpol

sjeverni pol

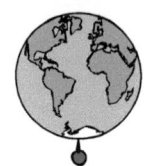

Südpol

južni pol

Antarktis

Antarktik

Erde

zemlja

Land

zemlja

Meer

more

Insel

otok

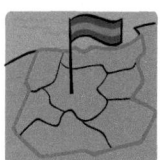

Nation

nacija

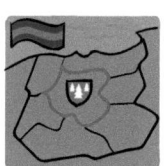

Staat

država

Zifferblatt

brojčanik sata

Stundenzeiger

satna kazaljka

Minutenzeiger

minutna kazaljka

Sekundenzeiger

sekundna kazaljka

Wie spät ist es?

Koliko je sati?

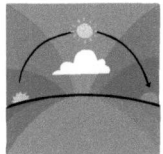

Tag

dan

Zeit

vrijeme

jetzt

sada

Digitaluhr

digitalni sat

Minute

minuta

Stunde

sat

Woche
tjedan

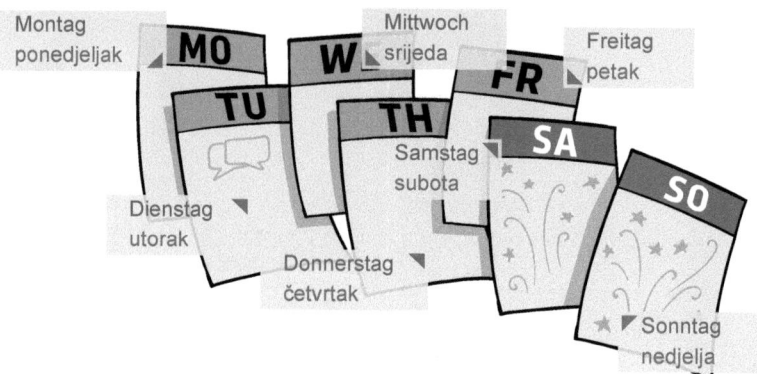

Montag
ponedjeljak

Mittwoch
srijeda

Freitag
petak

Dienstag
utorak

Donnerstag
četvrtak

Samstag
subota

Sonntag
nedjelja

gestern

jučer

heute

danas

morgen

sutra

Morgen

jutro

Mittag

podne

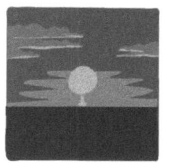

Abend

večer

Arbeitstage

radni dani

Wochenende

vikend

Jahr
godina

Regen
kiša
Regenbogen
duga
Wind
vjetar
Schnee
snijeg
Frühling
proljeće
Sommer
ljeto
Herbst
jesen
Winter
zima

4.APRIL 11°
5.APRIL 4°
6.APRIL 13°
7.APRIL 8°
8.APRIL 10°

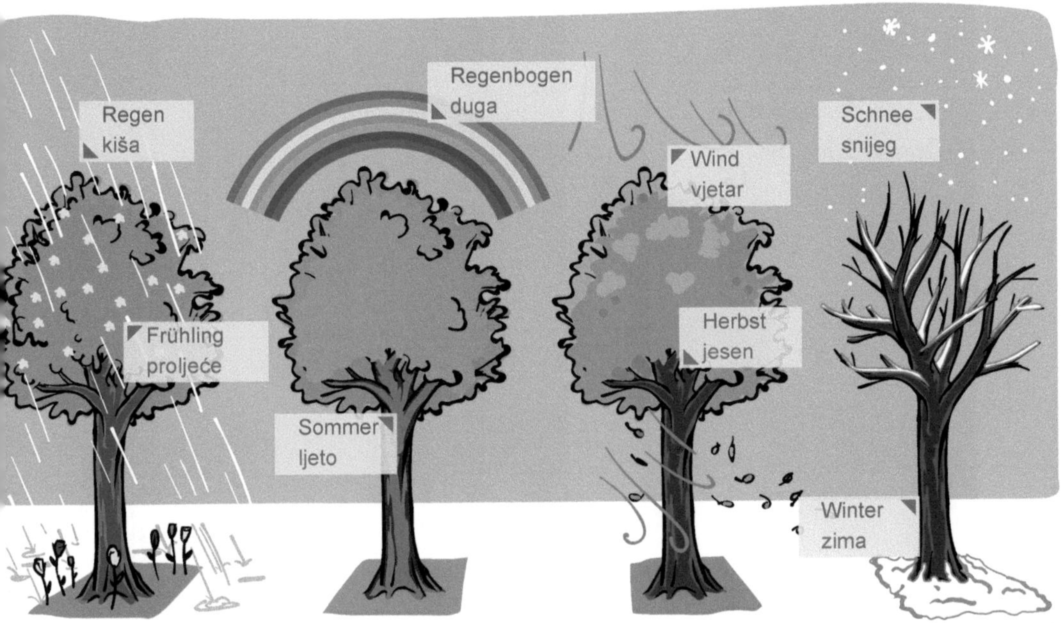

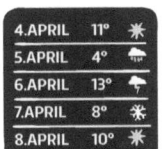

Wettervorhersage

meteorološka prognoza

F C
120 40
90 30
60 20
30 10
0 0
-30 -10
-20

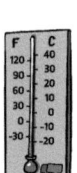

Thermometer

termometar

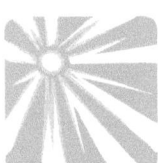

Sonnenschein

sunčana svjetlost

Wolke

oblak

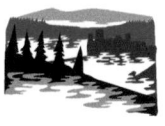

Nebel

magla

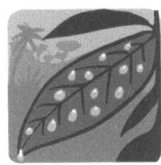

Luftfeuchtigkeit

vlažnost zraka

Blitz

munja

Donner

grmljavina

Sturm

oluja

Hagel

tuča

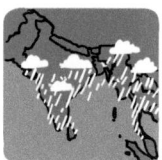

Monsun

monsun

Flut

poplava

Eis

led

Januar

siječanj

Februar

veljača

März

ožujak

April

travanj

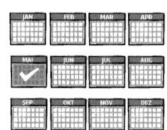

Mai

svibanj

Juni

lipanj

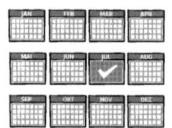

Juli

srpanj

August

kolovoz

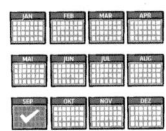

September
....
rujan

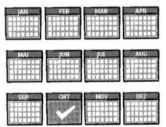

Oktober
....
listopad

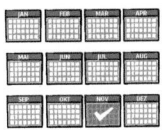

November
....
studeni

Dezember
....
prosinac

Formen

oblici

Kreis
....
krug

Quadrat
....
kvadrat

Rechteck
....
pravokutnik

Dreieck
....
trokut

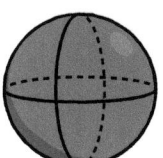

Kugel
....
kugla

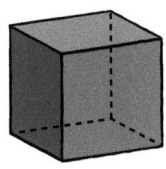

Würfel
....
kocka

Farben
boje

weiß

bijela

gelb

žuta

orange

narančasta

pink

ružičasta

rot

crvena

lila

ljubičasta

blau

plava

grün

zelena

braun

smeđa

grau

siva

schwarz

crna

viel / wenig

mnogo / malo

wütend / friedlich

ljutito / mirno

hübsch / hässlich

lijepo / ružno

Anfang / Ende

početak / kraj

groß / klein

veliko / maleno

hell / dunkel

svijetlo / tamno

Bruder / Schwester

brat / sestra

sauber / schmutzig

čisto / prljavo

vollständig / unvollständig

potpuno / nepotpuno

Tag / Nacht

dan / noć

tot / lebendig

mrtvo / živo

breit / schmal

široko / usko

genießbar / ungenießbar

jestivo / nejestivo

böse / freundlich

zlo / dobro

aufgeregt / gelangweilt

uzbuđeno / dosadno

dick / dünn

debelo / mršavo

zuerst / zuletzt

na početku / na kraju

Freund / Feind

prijatelj / neprijatelj

voll / leer

puno / prazno

hart / weich

tvrdo / mekano

schwer / leicht

teško / lagano

Hunger / Durst

glad / žeđ

krank / gesund

bolesno / zdravo

illegal / legal

ilegalno / legalno

intelligent / dumm

pametno / glupo

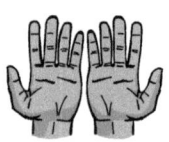

links / rechts

lijevo / desno

nah / fern

blizu / daleko

neu / gebraucht
novo / rabljeno

nichts / etwas
ništa / nešto

alt / jung
staro / mlado

an / aus
uključeno / isključeno

offen / geschlossen
otvoreno / zatvoreno

leise / laut
tiho / glasno

reich / arm
bogato / siromašno

richtig / falsch
točno / pogrešno

rau / glatt
hrapavo / glatko

traurig / glücklich
tužno / sretno

kurz / lang
kratko / dugo

langsam / schnell
polako / brzo

nass / trocken
mokro / suho

warm / kühl
toplo / hladno

Krieg / Frieden
rat / mir

0

null

nula

1

eins

jedan

2

zwei

dva

3

drei

tri

4

vier

četiri

5

fünf

pet

6

sechs

šest

7

sieben

sedam

8

acht

osam

9

neun

devet

10

zehn

deset

11

elf

jedanaest

12	**13**	**14**
zwölf	dreizehn	vierzehn
dvanaest	trinaest	četrnaest

15	**16**	**17**
fünfzehn	sechzehn	siebzehn
petnaest	šestnaest	sedamnaest

18	**19**	**20**
achtzehn	neunzehn	zwanzig
osamnaest	devetnaest	dvadeset

100	**1.000**	**1.000.000**
hundert	tausend	million
stotinu	tisuću	milijun

Englisch

engleski

Amerikanisches Englisch

američko engleski

Chinesisch Mandarin

kinesko mandarinski

Hindi

hindi

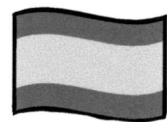

Spanisch

španjolski

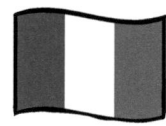

Französisch

francuski

Arabisch

arapski

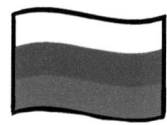

Russisch

ruski

Portugiesisch

portugalski

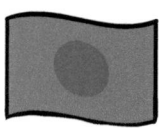

Bengalisch

bengalski

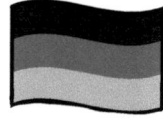

Deutsch

njemački

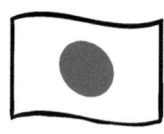

Japanisch

japanski

ich
ja

du
ti

er / sie / es
on / ona / ono

wir
mi

ihr
vi

sie
oni

wer?
tko?

was?
što?

wie?
kako?

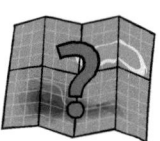

wo?
gdje?

wann?
kada?

HELLO, I AM

Name
ime

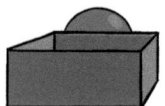

hinter

iza

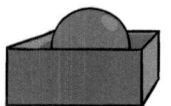

in

u

vor

ispred

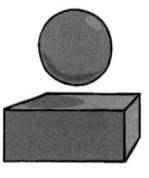

über

preko

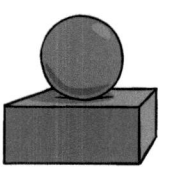

auf

na

unter

ispod

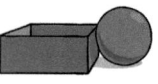

neben

pored

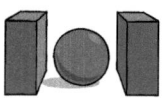

zwischen

između

Ort

mjesto